NOTICE

SUR LE

VICARIAT DU KIANG-SI ORIENTAL

CONFIÉ A S. G. MGR VIC

Évêque de Métellopolis

ET

APPEL A LA GÉNÉROSITÉ DES AMES CHRÉTIENNES

QUI S'INTÉRESSENT

A L'ACCROISSEMENT DU RÈGNE DE DIEU EN CHINE

PARIS

PROCURE DE LA CONGRÉGATION DE LA MISSION

95, RUE DE SÈVRES, 95

1896

LE BON PASTEUR

Le Bon Pasteur rapportant sur ses épaules la brebis égarée.
Gravure du dix-septième siècle.

NOTICE

SUR LE

VICARIAT DU KIANG-SI ORIENTAL

Le *Kiang-si* oriental, mission très intéressante, est, en étendue et en population, le tiers du *Kiang-si*, l'une des dix-huit provinces de la Chine. Ce vicariat mesure au moins cent lieues du Nord au Sud et quatre-vingt-dix de l'Est à l'Ouest; il équivaut à un cinquième de toute la France. Sa population est d'environ dix millions d'habitants, groupés autour du grand centre industriel de *Kin-te-tching*, où se fabrique la célèbre porcelaine chinoise.

I

ÉTAT DE LA MISSION DU KIANG-SI ORIENTAL

Grâce aux bénédictions du ciel sur nous, les Œuvres de ce vicariat se développent merveilleusement : nous n'avons que des actions de grâces à rendre à Dieu pour le passé, et à nous mettre en mesure de répondre à l'appel de la Providence pour l'avenir.

L'Œuvre de la Propagation de la Foi et celle de la Sainte-Enfance sont prospères toutes deux. Comme deux sœurs inséparables, elles se trouvent toujours groupées l'une près de l'autre dans chacune de nos quatre grandes résidences qui servent de centre à l'action de nos missionnaires, dans les quatre vastes départements chinois dont se compose le vicariat.

Chacune de ces résidences, comme centre de district, comprend, outre la demeure même des missionnaires, l'église principale, une école ou un collège de garçons, un catéchuménat pour les hommes et un asile de vieillards. Dans le voisinage, il existe des Œuvres analogues pour les femmes : Sainte-Enfance pour les orphelines, école de filles, ouvroir, catéchuménat pour les femmes, hospitalité, qui se rapproche de l'Œuvre du Bon-Pasteur ; et surtout, hospices de vieilles femmes délaissées, Œuvre qui édifie beaucoup les païens.

Voilà les Œuvres distinctes, pour chaque sexe,

groupées autour de chaque résidence. En les multipliant par quatre, d'après le nombre de nos districts ou départements, on aura une idée sommaire des charges et des besoins de la mission. Il faut encore ajouter à ces quatre résidences nos résidences de sous-district, création plus récente, et qui devient de plus en plus urgente, à mesure que la Providence sème la foi dans de nouvelles régions. Sur un total de vingt-cinq sous-préfectures, nous en comptons actuellement vingt-quatre où la foi a pénétré.

A ces Œuvres il faut joindre nos deux séminaires et l'école préparatoire au petit séminaire, bien distincte de nos collèges de garçons. Je devrais mentionner ensuite les écoles et orphelinats répandus dans les centres où la sécurité a permis de les établir.

II

FRUITS SPIRITUELS

Pour donner une idée plus précise de nos Œuvres, je transcris ici les principaux chiffres des fruits spirituels de l'année dernière.

1° *Œuvre de la Mission.*

Centres de mission	239
Nombre de catholiques	11.200
Nombre de catéchumènes	1.171
Nombre d'écoles de filles et de garçons	65

Nombre d'écoliers et d'écolières 1.422

Nombre de maîtres et de maîtresses . . .   124

Nombre de catéchuménats d'hommes et de fem-
    mes   12

Nombre des personnes qu'on y instruit .   261

Nombre d'hospices   10

Nombre des vieillards qu'on y abrite. . .   72

Nombre de remèdes donnés aux dispensai-
    res. 5.000

Nombre de baptêmes de païens adultes. .   266

Nombre de baptêmes d'enfants nés de parents
    chrétiens.   358

Confessions annuelles. 6.500

Confessions de dévotion 13.790

Communions annuelles. 5.011

Communions de dévotion 14.031

Nombre de ceux qui ont vaqué aux exercices spi-
    rituels   153

2° *Œuvre de la Sainte-Enfance.*

Nombre de baptêmes d'enfants païens à l'article
    de la mort. 4.964

Nombre d'enfants rachetés   4

Nombre d'enfants en nourrice   592

Nombre d'orphelinats.   8

Nombre d'orphelins et d'orphelines . . .   654

Nombre d'écoles de garçons, de filles . .   63

Nombre d'enfants qui y sont admis. . . .   1.369

Nombre d'ateliers, d'ouvroirs.   36

Nombre d'enfants qui se préparent à divers métiers 510
Nombre d'enfants confiés à des familles chrétiennes. 288
Total des enfants appartenant à la Sainte-Enfance. 1.534
Nombre de pharmacies 4

III

ÉTABLISSEMENT DES FILLES DE LA CHARITÉ

A cet exposé sommaire de nos Œuvres et de leurs fruits spirituels, il faut ajouter un mot sur l'établissement des sœurs de charité à *Yao-tcheou-fou*, la ville la plus importante du vicariat. Monseigneur avait mis huit ans à le préparer, à acheter les terrains nécessaires et à en bâtir les parties principales ; enfin Sa Grandeur a eu la consolation d'y installer quatre Filles de la Charité, le 15 décembre 1895, et ce nombre devra être augmenté sans retard, vu les diverses Œuvres qu'elles ont à diriger :

1° Le dispensaire pour hommes et femmes, qui attire tous les jours de 100 à 150 personnes ;

2° L'hôpital pour hommes et femmes en construction. Provisoirement, les hommes malades sont installés au parloir, et les femmes, sont logées au catéchuménat des filles ;

3° Les salles pour corriger les fumeurs d'opium.

Chaque jour, les sœurs reçoivent des demandes, et sous peu elles pourront disposer de 20 lits;

4° Sainte-Enfance pour filles, qui, fondée depuis une dizaine d'années, se développera aisément d'après les ressources;

5° Écoles et ouvroirs pour filles chrétiennes;

6° Catéchuménat pour femmes et filles de la campagne. L'Œuvre du Bon-Pasteur y est jusqu'à présent rattachée, en attendant que des bâtiments distincts permettent de séparer ces Œuvres entre elles incompatibles;

7° Enfin une léproserie. Dans une petite propriété distincte du grand établissement, les sœurs préparent une léproserie. Deux fois déjà, elles ont dû renvoyer chez lui à leur grand regret un chrétien lépreux qui s'était fait transporter à l'hôpital, comptant pouvoir s'y réfugier. Un autre a dû, malgré son mal répugnant, être hébergé à la mission pendant deux mois de traitement. Les missionnaires des autres résidences pressent les sœurs de recevoir leurs pauvres lépreux : force est donc de commencer l'Œuvre sous cette impulsion visible de la Providence.

Cette fondation de *Yao-tcheou-fou*, parfaitement accueillie de la population, a fait mûrir le projet depuis longtemps caressé par Monseigneur et ses missionnaires, de créer un hôpital à *Kin-te-tching*, là où la fabrication des fameuses porcelaines de Chine groupe un million d'habitants, la plupart éloignés de leur famille et privés de soins et de secours dans leurs maladies.

Aussi les chrétiens de l'endroit, au courant des nécessités, font pressentir que, outre le dispensaire, il faudrait là de 200 à 300 lits. Les baptêmes d'adultes à l'heure de la mort y seraient nombreux. Un résultat plus heureux encore, c'est que la bonne édification produite par ces Œuvres de charité, serait d'un grand effet dans tout le pays; tous ces gens venus de tous les coins de la province et des provinces voisines, et qui conservent toujours des relations suivies avec leur pays d'origine, seraient autant d'agents de prosélytisme.

IV

MOYENS DE SUBVENIR A NOS BESOINS

Chargé par mon vénéré vicaire apostolique, S. G. Mgr Vic, de procurer, pendant mon court séjour en France, des ressources à cette chère Mission, je me permets de faire un appel charitable aux âmes généreuses qui me liront, et je vais leur indiquer comment elles peuvent venir à notre aide.

C'est d'abord par la prière : *Rogate Dominum messis*, « Priez le Maître de la moisson ». Nous ne sommes entre ses mains que des instruments et des serviteurs inutiles. C'est lui qui doit faire l'œuvre, qui doit toucher et ouvrir les cœurs,

L'Esprit de Dieu souffle où il veut. Nous qui voyons chaque jour des âmes touchées par la grâce, nous ne doutons pas que les succès des missionnaires catholiques, si éclatants depuis la fondation de la Propagation de la Foi, ne soient dus aux prières des associés, tout autant qu'à leurs aumônes.

C'est ensuite par les aumônes. S'étonnera-t-on que le missionnaire jette toujours et partout le même cri? Notre-Seigneur lui-même, pendant sa prédication sur la terre, a voulu vivre des offrandes des personnes pieuses; et il entre manifestement dans les vues de la Providence que les catholiques, favorisés du bienfait de la foi dès leur enfance, concourent et s'intéressent à la conversion des infidèles par quelques sacrifices de leurs biens temporels. C'est ainsi que toutes les personnes de dévouement peuvent, sans renoncer aux joies de la famille, témoigner à Dieu qu'elles désirent vivement que son règne arrive; et prouver aussi qu'elles aiment sincèrement leur prochain.

1° Les personnes qui voudraient entretenir un missionnaire pendant une année, pourraient le faire par un don de 1 000 francs. Notre frugale nourriture nous coûte peu; mais nos voyages continuels, pour la visite des chrétiens, dispersés sur une longueur de cent lieues, augmentent de beaucoup nos frais. Pour fonder cet entretien, 15 000 francs nous suffiraient.

2° Une pension de séminariste ne demande que 150 francs, et sa fondation 2 200 francs. Je tiens à remercier ici, au nom du Vicariat, quelques-uns de nos bienfaiteurs, généreux anonymes, entrés dans cette voie, qui nous garantit plus efficacement l'avenir.

3° Pour l'entretien d'un enfant, garçon ou fille, à nos écoles ou catéchuménats, nous ne comptons que 50 francs par an; 750 francs pour une fondation. Deux années d'études au catéchuménat suffisent souvent pour une conversion solide. Quel bon moyen de remercier Dieu d'une bonne première communion, que de procurer, à si peu de frais, le bienfait du baptême à une âme esclave du démon!

4° Pour entretenir une orpheline de la Sainte-Enfance, 40 francs par an suffisent; 600 francs pour une fondation, qui permettrait d'adopter un enfant de plus. Que l'on me permette de faire remarquer :

a) Que depuis plusieurs années, Monseigneur a dû refuser plusieurs enfants offerts, et réduire de beaucoup le nombre de nos orphelines adoptées, cela faute de ressources;

b) Qu'une seule fondation assurerait le salut d'un grand nombre de ces chères petites âmes,

C'est que beaucoup d'enfants apportées maladives meurent en bas âge et nous coûtent peu ; il y en a à peine une sur vingt qui arrive à l'âge du mariage ;

c) Qu'une orpheline souvent devient mère de famille, et que les résultats de la bonne œuvre se multiplient ainsi indéfiniment. Enfin, on aiderait encore efficacement notre œuvre en fournissant le trousseau nécessaire à une orpheline pour son mariage, 100 francs environ.

5° Les païens sont fort édifiés de nos asiles de vieillards et de vieilles femmes délaissées. Nous avons presque toujours la consolation d'assurer à tous les moyens de salut par le bienfait du baptême, en même temps que nous leur donnons le pain matériel.

Malheureusement, nos modiques ressources ne nous permettent d'en recevoir que quelques-uns dans chaque district. Cependant, 50 francs par an suffisent, et 750 francs pour une fondation.

6° Un lit d'hôpital nous coûtera à peu près 150 francs par an ; de même une pension pour l'entretien d'un lépreux. Une fondation, 2 550 francs. Il faut compter dans cette dépense non seulement la nourriture qui doit être un peu plus soignée, et les médecines dont le prix est relativement élevé, vu que nous les faisons venir d'Europe, et que leur transport est très cher, mais encore les infirmiers qu'il nous faudra payer un peu plus cher que l'ordinaire des domestiques, à cause des services répugnants qu'ils auront à rendre à ces pauvres infortunés. Tous ces malades et lépreux mourant chez nous pourront, à l'article de la mort, sinon avant, recevoir la grâce du baptême et être régénérés dans l'eau salutaire avant de se rendre au redoutable tribunal du divin Juge. Quelle consolation pour nous autres missionnaires, et quels mérites pour ceux qui auront contribué par leur aumône à ouvrir le ciel à ces pauvres âmes ! Oh ! comme elles devront prier pour leurs bienfaiteurs, afin que le bon Dieu leur rende au centuple la petite obole qu'ils ont donnée et qui a été la cause de leur salut éternel !

7° Plusieurs de nos centres de district ou de sous-district n'ont pas encore d'église, et beaucoup de nos 239 chrétientés n'ont pas encore de chapelle. Un fondateur, par un don de 10 000 francs pour une église et de 4 000 francs pour une chapelle, aurait droit à une plaque de marbre portant son nom et ces mots en chinois, qui résument les bienfaits de notre œuvre : « Gloire à Dieu dans les cieux, et paix sur la terre aux hommes de bonne volonté. »

8° Le bienheureux Jean-Gabriel Perboyre a séjourné quelque temps, il y a soixante ans, à *Lientchou*, une des plus anciennes chrétientés du Vi-

cariat. Cette chrétienté se trouve précisément dans
le district dont je suis chargé, et le plus délaissé
de tout le Vicariat. Monseigneur ainsi que ses missionnaires désirent ardemment, et nos chrétiens
sollicitent la faveur d'ériger là une chapelle en
l'honneur du Bienheureux martyr.

Jusqu'à présent, il nous a été impossible de sa-
tisfaire à ce pieux désir : la dépense qu'il faudrait
faire et l'état où se trouve notre caisse, à cause des
innombrables œuvres que nous avons à soutenir,
nous ont fait reculer jusqu'à ce jour. J'espère que
beaucoup de catholiques de France, qui se sont
réjouis il y a peu de temps des fêtes de la Béatifi-
cation, aimeront à contribuer à cette bonne œuvre
et me mettront à même de commencer, à peine
rentré en Chine, cette chapelle, depuis si longtemps projetée et toujours ajournée, faute de ressources.

Telles sont les urgentes nécessités du Vicariat
apostolique du *Kiang-si oriental*, et aussi les principaux moyens d'y subvenir. Convaincu que bien
des âmes généreuses, connaissant l'état où se
trouve cette intéressante Mission et le bel avenir
qui lui est préparé par les desseins de la divine
Miséricorde, ne demandent qu'à la soulager efficacement, j'ose livrer ces lignes à l'impression.
Nous accepterons avec pareille gratitude le petit

sou du pauvre et les pièces d'or de la classe aisée.

Notre reconnaissance sera sans mesure; mais la récompense promise à ceux qui concourent au rachat des âmes sera infinie et éternelle.

N. M. CICÉRY, c. m.

Missionnaire apostolique du Kiang-si oriental (Chine),
Délégué de S. G. Mgr Vic.

La Charité, fresque de Giotto, à Padoue.

La Charité élève son cœur vers Dieu, qui le prend des deux mains,
tandis que des trésors répandus à ses pieds témoignent de son empressement
à secourir le prochain.

PARIS

IMPRIMERIE D. DUMOULIN ET Cie

5, rue des Grands-Augustins, 5

PARIS

IMPRIMERIE DE D. DUMOULIN ET Cie

5, rue des Grands-Augustins, 5